中华武术典籍珍藏

民国武术文献选刊

第一辑 第三卷

崔虎刚 收集整理

北京体育大学出版社

责任编辑：吴　珂
责任校对：田　露
版式设计：高文函

图书在版编目（CIP）数据

民国武术文献选刊. 第一辑. 第三卷 / 崔虎刚收集整理. -- 北京 : 北京体育大学出版社, 2024.2
（中华武术典籍珍藏）
ISBN 978-7-5644-4018-3

Ⅰ. ①民… Ⅱ. ①崔… Ⅲ. ①武术－文献－汇编－中国－民国 Ⅳ. ①G852

中国国家版本馆CIP数据核字(2023)第255364号

民国武术文献选刊. 第一辑. 第三卷　　崔虎刚 收集整理
MINGUO WUSHU WENXIAN XUANKAN. DI-YI JI. DI-SAN JUAN

出版发行：北京体育大学出版社
地　　址：北京市海淀区农大南路 1 号院 2 号楼 2 层办公 B-212
邮　　编：100084
网　　址：http: //cbs.bsu.edu.cn
发 行 部：010-62989320
邮 购 部：北京体育大学出版社读者服务部 010-62989432
印　　刷：北京雅图新世纪印刷科技有限公司
开　　本：710 mm × 1000 mm　1/16
成品尺寸：170 mm × 240 mm
印　　张：11
字　　数：115 千字
版　　次：2024 年 2 月第 1 版
印　　次：2024 年 2 月第 1 次印刷
定　　价：72.00 元

筹委会

（排名不计先后）

【河北】

王雪松　董智勇　侯晓山　张春光　智　泳　李向东　王弘武　苏建中　魏朝辉
王英臣　赵　军　段雷朋　王欢迎　孟祥国　刘明华　王文革　董法胜　卢宝库
马新华　孟令斗　李学兵　龙　威　狄松涛　牛树天　孟令聪　张永泽　孟令兴
孟令江　张思雨　高立新　陆明文　赵世君　张守安　王向东　赵永亮　曹彦场
刘　念　许　栋　卢保卫　庄国伟　孙　健　巩国平　孙　振　姜海伟　徐书长
王　宾　王永涛　赵志勇　张剑军　孟祥龙　柴海生　田卫民　王铁英　张继斌
秦晓悦　刘红强　王长军　田振伟　田　伟　闫庆洪　郎立成　张坤伟　李　波
周　弘　郗建勋　刘光芒　王福庆　张星一　董贵轩　高国辉　孟春华　陈志刚
张增海　李常琳　章建春　张　斌　李　冰　王小龙　鲍玉龙　常　军　李会锋
盖国海　张铁柱　钟俊峰　张根云　任增良　宋分成　李保辉　卜元法　刘　雷
封佳良　李立兵　郝桂英　杨志英　赵连江　张　聪　夏令虎　李正国　丁　强
李文龙　王学武　陈宇明　李金龙　张　义　牛志勋

【山西】

李旭东　刘笃义　苗树林　李乃勤　张振杰　陈贵更　姚建东　张　欣　邢晓朝
王连恒　王　兵　马德祥　薛文江　温锦铭　杨　军　郝利华　李俊杰　王守禄
董冬元　张奇林　任晓平　沈炜东　赵京生　刘叔勤　梁光平　郭玉文　李　白
王理生道长　吴志刚　阎子龙　王宏伟　王　建　李德仁　郭润泽　高玉兔
许青行　孙君荣　陈　娟　赵国华　王银辉　胡晓琴　田志丹　韦树杰　温玉恩
胡元亮　马海平　张玉全　阴建文　王日兵　郭　扬　释妙修　高全民　何　军
冉高峰　李正业　王勇义　晨　曦　田正西　马学恩　郭晋博　王建筑　高宝东

王太晨　侯庆林　朱喜何　宋宝贵　宋俊芳　吴会进　王俊香　张楗军　王德俊
胡佳锋　王雨东　李青峰　史德全　吕　卓　梁文章　李宇鹏　于庆海　吕永昌
吕传泳　李景福　乔一铭　王攀峰　石大永　姬俊峰　贾国喜　吴利生　吴利民
杨志忠　胡安辉　曹中义　胡丽娟　武　冬　王　勇　陆向春　高　静　姬　才
殷文军　王苗祥　王仲文　江俊峰　张丕锋　白玉仁　刘铁铸　秦同文

【内蒙古】

刘井春　褚海东　孙根新　宋仿琛　范健宇　武静安　刘永文　郭迎宾　王浩亮
卢爱琴　乾　坤　白景春　张国华　吕瑞亭　刘世君　周彦明

【北京】

胥荣东　康戈武　徐　杰　于昕洋　肖红艳　酒大雷　姜启超　聂志涛　刘　翊
吕鸣捷　赵安平　尚远宇　王　凯　孙汝贤　牛立新　孙国中　党雪田　高晓光
贾永安　邸国勇　乔　宁　辛　强　刘　铄　程庆余　王　桐　赵天阳　左宇彤
韩俊瑛　孙嘉浜　孙文景　白石羽　德　全　欧　阳　万周迎　徐　鹏　刘路遥
李　谷　左　健　付洪波　成金俊　黄志刚　李　戈　彭　龙　陈　轶　高雪峰
王宝山　王中行　王沥斌　贞　达　孙庆丰　薛　岩　李　迎　张　斌　洛　尘
张　磊　金　微　秦保华　杨文学　王庆年　徐　许　刘福龙　孙国柱　刘满常
于　浩　张国儒　刘万成　于　江

【天津】

崔　巍　于经元　胡向阳　刘宝林　张天龙　张金旺　丁伯立　顾海波　赵文龙
王　诜　王福勇　崔媛媛　马延凯　张聚贵　孙国善

【辽宁】

刘洪刚　任　彬　于万凯　孟　涛　黄中元　高　朋　万　勇　梁　丰　孔德林
潘大庆　王秀如　臧福源　李保刚　薛圣东　孙贵东　袁　波　张　悦　韩宝轩
蒋秀山　侯　明　乔　武　刘英伟　张国志　刘计星　李金友　高　宇　马　畅
郑维钧

【吉林】

张　河　邓宇光　李　银　丁　皓　骆立文　王君波　孟　宇　徐厚祥　佟　冰
倪　郝　赵　耀　郭其武　袁洪范　刘　君

【黑龙江】

佟亮辰　张艳阳　陈玺镔　张指辉　王　皓　宋　梁　郭宝成　陈　斌　刘立国
毕文波　杜伟国　黄忠伟　李　冰　吴　俣　曹志峰　马宏伟

【河南】

张雄鹰　种明生　郭航海　王志远　贾自愿　安呈林　朱利军　释延布　杜长坤
刘启飞　石　勇　王农川　郑营俊　常青州　张　艺　马众森　王占敏　巩建松
倪根上　陈近仁　李朝乾　李紫剑　邢红义　李佩革　刁修华　梁靖予　宋尚军
释延巽　李红林　赖庆新　陈万军　郝跟上　张　帆　恒　勇　王子淳　张亚东
孙明亮　魏淑云　赵振选　王会武　耿　军　买西山　买　威　时晓武　买　勇
买仁萍　仵　锋　马德占　王长明　张伟兵　代忠波　张　玮　段建民　孙保才
李小欣　酒同标　酒小郎　苗轩国　孙和龙　孙随成　焦立武　王建设　刘培兴
苗鸿宝　苗步超　张运生　苗田营　苗富强　杨德民　胥兆飞

【湖北】

徐　斌　张建生　李应龙　刘　杰　石　峰　田　浩　夏四鸿　梁靖予　陈玄机
瞿风华　秦声浩　严　飞　姜学斌　郑桂桐　胡炳林　李德民　薛兴江　胡圣奎
王卫红　焦通章　徐赐兵　黄亚平　戴珂铭　张　显　刘秋龙　马国平　薛劲松
李志武　丁大益　黄胜文　唐俊虎

【湖南】

苏若鸣　陈开喜　王常秀　张常海　邹　骁　刘建湘　黎昌元　向军华　张继桂
蒋谷川　滕召军

【广西】

黄耀丹　夏　敏　唐晓艺　严翰秀　赖铭强　梁杰乔　张容嘉　廖贤阳

【广东】

于鸿坤 蒋荣杰 任官生 蒋子龙 张俊林 蒋化一 李湘山 刘　泉 沈建杰
余锐镔 张勇强 方　金 陈　执 毕荣俊 刘志坚 靳清江 马廉祯 吴广添
邵剑波 梁伟民 颜志图 吴启贤 陈　伟 王　贵 张梦阳 陈福和 廖锦泉
方应中 陆常康 杨亚国 房向南 陈健志 覃海权 徐　宏 梁柏清 赵刚生
江善祯 房　生 黄　熠 李伟光 贾华兵 王会哲 林国生 吴晓辉 吴立群
冼伟昭 梁文楷 黄仕君 曾奕涵 钟立强 陈会崇 杨柳标 王邦菊 张广辉
刘志添 刘春涛 杨春茂 詹亮清 莫华法 罗浩苑

【深圳】

郑喜平 周　华 李翰青 曹革林 苏洪海 梁　丰 贾永唐 徐百军 连　成
蒋定臻 王继勋

【海南】

梁昌泰 张　雷 李　秀 陈东升

【山东】

高鹏熙 李满利 张松仁 谭京杰 王　刚 马　斌 刘　毅 孙胜辉 周云峰
王玉金 尤明达 厉善祥 刁长俊 周庆春 孙丰玺 许　峰 王芝强 王　斌
刘维明 战文腾 宫智辉 倪德飞 孙思蒙 张　斌 郝代远 史　鼎 康汝宙
郭　宁 张长生 赵延俊 张胜利 张克田 周　游 刘　伟 安宝东 刘军农
董玉明 王景钏 贾友民 张树远 李保庆 王继国 王焱鹏 潘　章 高　承
李万温 张卫东 王宏全 王　伟 梁国爱 李海涛 李飞林 刘连洋 王国川
郑中华 张彦营 姚　磊 刘东强 白正刚 吕延波 洪卫国 张延斌 谷志强
孙晞棠 赵国忠 邓　桦 曹广超 周　琦 陈　雷 泰　祯 李安国 郭英新
徐西林 董志忠 张乐华 孙瑞全 张元海 刘龙昌 谭凯文 冯长源 杨　雷
张　涛 李其胜 梁殿品 张祥泽 朱宗启 薛士玉 杜孝伟 朱永强 樊　霄
杨圆义 刘道毅 李若现 王立岩 要学良 刘圭生 郭玉刚 张　鹰 李金顺
彭维利

【江苏】

杨　忠　窦小彦　许　忠　江其林　兰顺林　王存果　刘季月　周晓明　卜照生
张　亮　马　伟　时丕昌　师厚春　徐　帆　林圆龙　梁　雪　王新跃　谢逸繁
李　胜　解建昌　张爱成　沈枫涛　翟爱武　王吉波　张爱春　王海港　胥子连
毕明府　程　明　刘　通　陈军民　虞洪涛　张　滇　陈灏梁　景怀义　韩运疆
宫翠峰

【浙江】

仇富军　吕　亮　倪顺坚　孙　吉　杨秦健　张　斌　金　翰　王良辰　李继红
蔡德强　戴有木　张青松　马俊成　刘　柱　俞永辉　刘立存　李诚勤　张　俊
高宜挺　许科军　俞佐清　顾　坚　王圣华　刘小峰　杨　华　陈碧如　邓显群
顿鹏辉　江　澜　王一静　姚步高　江敏华　王纪杰　蒋　文　陈宇阳　钱周锋
周　明　蒋仲清　陈幼根　周　锋　陈沛宝　赵　青　凌风子　景　然　周美良
潘小江　卢成昌　潘石弟　凌懿文

【福建】

王福民　蔡卫权　倪忠森　王振河　张祖永　蒋秀山　许剑云　陈向荣　孟庆贺
连国汉　林　峰　俞景耀　陈恒演　涂智兴　罗建晖　林和顺　胡文辉　梁　涛
林建栋　吕信明　周　攀　杨　晗　刘有春

【安徽】

胡春泉　曹　军　钱军帅　祝安园　聂红松　江　奎　魏　冰　毛立欢　冯　皓
欧阳兴业　马　林　铁中玉　刘俊杰　王靖华　武爱东　陈晓东　徐永银
吴　笛　陈　军　赵　飙　张宏华　王　磊　吴　昊　胡卫东　吴　伟　谭全胜
刘法志　汪　泉　乔长良　朱红军　杨纯生　卫　存　卢　杰　秦　琥　王学东
聂　刚　曹其根　曹季泉　曹加才　纪良发　曹　凯　董德霖　张　博

【江西】

熊庆云　钟水清　李舒霖　郭木青　王联军　唐毓堃　张功燚　李江明　屈　群
刘　超　应宗强　李洋洋　陈　军　乐　繁　代建国　钟祥明　虞法志　章新尧
林爱兵　林国生　刘炳开　童加清　李曦初　李海斌　王禹平　崔瑞郡　李广华

【上海】

林　杰　谭振勇　朱长跃　樊永平　杨雨辰　金培贤　金俊达　尹　捷　薛怡平
鞠学东　阚水源　凌先生　孙连盛　杨志承　孙经纬　王宝财　谢琦辉　刘　志
何轻舟　吴爱民　宋　旭　游　清　释永照　董家良　董纲成　陆龙祥　陈海光
梅永福

【陕西】

李　钢　张　钢　郭华东　邵　华　杨俊伟　罗　德　董安强　贺元瑞　杜群喜
杨伟峰　王晨生　杨　坚　白永东　孙　武　陈少纯　郭桂荣

【甘肃】

郝心莲　辛富国　金　宏　李宝才　温世杰　马　伟　汪子竣

【宁夏】

杨文舜　梁杰乔　吴　涛

【青海】

马宏伟　朱春明

【新疆】

赖宝珊　任　军　黄尘哲　张新民

【云南】

黎丽辉　曾　瀚　李太宏　鄢　博　赵顺军　张晨光　叶昆生

【贵州】

杨绍平　谢明宇　刘　曦　孙鲁龙　黄　檗　刘庆涛　曾昭弟

【四川】

侯　毅　古海啸　梁军民　金　亚　李　阳　周新杰　罗　斌　王伟骅　陈兴均
曹　卉　兰　唯　唐博文　郭　建　邱湘彭　罗小波　唐　昶　黄跐洲　温昌奇

【重庆】

罗　明　徐泉森　罗先雄　曹晓东　陈治军　张文欣　张宗华　周光华　黄文才　吴洪明　刘天海　袁一晋

【香港】

李健雄　Mehdi　谢永铭

【台湾】

杨正隆

【其他国家】

黄少武　王振身　陈　闯　龙勿用　胡耀武　柳寿晨　容光远　张立彪　甲斐正也　村上正洋　片桐阳　马永光

特别鸣谢

李金明　王彩鲜　李延春　庞明泉　李　翔　智晓园　于　芳　张　梅　周兰英

安　毅　王新瑞　李克宣　崔并花　杜崇开　刘　洽　张　昭　李继光　薛思问

杨春兰　李　懿　邹德发　吴世勋　高友孝　刘瑞荫　黄兴发　王云山及其姐

袁树礼　郭荣珍　耿爱梅　刘丽俊　郝富义　李补鱼　郝锦园　杨桂芳　杨洪喜

刘怀玉　钟雪友　蔡震升　伦怡馨　高　瑛　李龙城　张魁武　柳百成　张德生

李建勇　贺国安　王慧琴　冯银刚　韩太民　韩原民　曹东红　王　浩　韩常林

韩焕茹　尤素娥　赵海凤　胡玉洁　张桂兰　田喜凤　郭宝芳　魏宏斌　袁建斌

郭　宏　马润生　冯骑明　阎文辉　焦清华　王秀丽　郭　刚　韩秀英　卢冬光

张雪刚　尹贵龙　范阿宝　朱建华　巩爱平　胡建彪　何建东　郝宪伟　郝建邦

郭仁实　高澍芃　江敬斌　薄建东　郑　炜　周　宏　吕　毅　徐用生　田春林

李　明　师维勇　韩小华　尹小玲　赵学毅　刘巧莲　任建玲　赵媛凤　义瑞珍

张玉香　张秀玲　魏巧燕　王小源　海晓霞　刘庆林　赵丽华　徐　静　姚书典

殷　岩　王小根　王海英　宁晚林　胡玉亭　乔　栋　田振山　林　纲　赵大春

朱　峻　王民忠　李　刚　顾武安　李　峰　章　青　叶林忠　贾云杰　许树华

杜　箐　刀京梅　孙慧敏　姜淑霞　王占伟　王艳玲　常学刚　梁伟民　王跃平

冉宏伟　王　蓉　苑博洋　胡志华　李博伦　宋杨萍　韩　翔　田海英

恩师朱华先生、师母冀秀珍女士

父亲崔官禄、母亲王玉莲及兄弟姐妹各家人

目录

忠义拳图稿本　卷三

提要

《忠义拳图稿本》，四册，以卷一、卷二、卷三、卷四区分。从卷一扉页可知，该书由樊一魁著、乔岗编、山西洪洞荣仪堂书局石印行印制，但扉页处书名为“忠义拳图合编”，与封面略有不同。

卷一先有辅文《武术弁言》《卷头序言》《引言》《拳经总论》，从中可知该书成于1936年；之后为《通背目次》，再后进入正文。卷二辅文仅有《通背势法目次》一篇，似与卷一同期成书。卷三又有《叙》两篇，其中洪洞县知事易懋煊所作序的落款时间为民国十七年（1927年），樊一魁自序的落款时间为民国八年（1919年），不知何故。卷三《叙》后为《武训守正歌十首》《插图散打目次》，之后为正文，但有趣的是，书的后部又出现了《说明散打目次》，衔接散打相关的理论讲解。卷四仅《枪之目次》一篇辅文，不同的是，前三卷目次中标题层级均用“篇”字，而本卷则用“编”字，疑似将“篇”误写为“编”。

该书各卷的正文主体部分，体例结构基本一致，均为图示文注，每页大致讲解一个招式动作，绘有一幅动作演示图，配以少量文字。除此之外，卷一正文前部用较大篇幅的理论性文字进行讲解，卷三后部为文字讲解。

该书作者樊一魁是通背名家，从四卷的整体内容来看，该书所述内容均为通背拳、械的理法与技法，书名“忠义拳”，或可理解为作者的人生追求。

山西洪洞 梅選樊一魁著
子高喬 嵩編

忠義拳會合編

山西洪洞榮儀堂書局石印行

梅選樊一魁近影

叙

拳術一道可以增進健康鍛鍊體力有南宗北宗之分內功外功之別久為吾國高尚技擊近且徧及東瀛而吾國固有絕技反日就退化由於無人提倡之故也今春高公村村長樊君一魁出其所著忠義拳圖說上下兩篇余不諳拳術無以悉其優長然觀其圖式之精詳解釋之明晰與夫命名之正大有體有要本末兼賅雖藝也而近於道矣於以見樊君本數十年之研究不祕所長博愛為懷其品行誠有超乎尋常儕輩也正擬付印分發各村俾資練習茲奉

國民政府內政部訓令飭各省民政廳縣市政府公安局訓練國術鄉團

保種救國之基礎則人民練習更為不可緩之圖是編明白易曉入手一册即可按圖而習不必別求師承用特付印分發各村俾人民及保衛團認真操練養成健全之體格增進奮鬪之毅力於國於身豈云小補余莅任斯土忝為親民之官願洪邑士民人人自奮不以末技為不屑不以有勇而可恃本高尚之道德為有用之技能以副
政府提倡之殷而備將來遺失投艱之任是則區區之心所望於吾民者也

民國十七年七月

洪洞縣知事易懋煊序

叙

從來有文事者必有武備是文與武固相濟而並重焉自五洲交通內外雄立華國板蕩憂難頻仍此誠危急存亡之秋識時務者謂全國人民貴有尚武之精神也雖商農立業各爭進步為全國之基礎而要非尚武不足以振國聲而張起色余幼時誦讀稟賦孱弱欲謀強身之術難得專家之傳有楊氏提倡拳術者余稟母學藝母不許恐與人爭鬭余因以忠義自矢母應之勗以服膺而不可忘也自受楊氏傳習以來知此道與體育有密切之關係且通背一百單八勢參伍錯綜貫穿佈置似乎長江大河實則脈絡貫通而其間忠義相應道德相生有開合之機變化之妙倏擒

倏縱形若生龍活虎不可捉摸夫乃數文事武備事有殊途理無二致余雖有志而未逮焉敢云登峰造極哉況當歐戰發生國家正值尚武之時爰著此圖以助尚武之精神今日者非敢云頗有心得不過聊盡國民之義務耳後之學者誠能將扳攎扶捌諸手熟習精思不特為防身之至寶並可作體育之妙法也願同胞熱心試之雖拳術而志在忠孝苟能束心自愛余厚望焉

中華民國八年歲次己未瑞月樊一魁序

武訓守正歌十首

1、要同胞孝双親　千金難買父母恩　碎骨粉身恩难報　追遠常存一片心

2、要同胞早回心　吸販烟丹是禍根　傾家破產精神損　飢寒困苦落壞人

3、要同胞禁三烟　血汗金钱火内燃　自省自儉多積蓄　恤貧助兵備荒年

4、要同胞習勤苦　休把閑遊當幸福　盜昧賭騙轉眼富　大落壞人名譽污

5、要同胞務正心　耕讀兩途是本根　衛國尚武忠義志　習拳練武振精神

6、要同胞做軍人　或守或戰須盡心　正直無私守軍令　國家二字印腦筋

7、要同胞去私心　主張公道須愛群　盼望同享太平福　休想富己貧他人

8、要同胞多耐勞　忍讓二字記心苗　且無遣怨與人較　忠恕反己品自高

9、要同胞省己過　循情順理多快樂　秉公作事避災禍　安分守法行中和

10、要同胞自問心　目視手指天鑒真　治國齊家正大本　慈愛智勇質完人

忠義全書插圖散打合編第三卷

山西洪洞梅選樊一魁著

插圖散打目次

第三篇

一一、霊貓捕鼠

一二、揹手單捺跌

一三、推胸掌

一四、抑捌手

一五、叟龍抹馬

一六、閃驚巧取

一七、扶藍看花横擱肘帶飛仙掌

一八、當頭砲

一九、三請客

二〇、單攔砲

二一、泥裏拔葱

二二、仙人捧盤

二三、懷中抱月双撲跌

二四、霸王舉鼎

二五、浣肘推山

二六、丢手烏耳肘

二七、横攔肘

二八、白虎洗臉

二九、霸王請客

三〇、千金拿

三一、黃龍轉身

三二、千金指

三三、金絲纏腕

三四、擒手拿

三五、合手摔跌

三六、袖抱頭堆山

三七、孫真人治龍

三八、批打滿肚紅

三九、揪耳掃脚

四〇、瘋魔掃春

四一、金交剪

四二、十連腿

四三、誘彼輕進

四四、連環腿

四五、單手摸魚

四六、知法送書

（說明）此篇共五十四圖因內有八式貫圖故實則為四十六門之名也

拳法歌

忠義傳授武藝強　健身衛國學忠良　赤心志存強國上
衛國以武理應當　槍刀械戟棍鞭棒　各樣器械裝身傍
表面行動不露相　用時現身有異方　懷抱奇術心酌量
抬頭觀天見日光　目視手指天在上　忠善降福惡遭殃
武術要把道德講　不明武理似虎狼　愛國立志公道想
忠義相傳萬古揚

第一圖 立正

臨行拳時看他從那
門來進認明
式法分
開裏外
謹慎行之可也

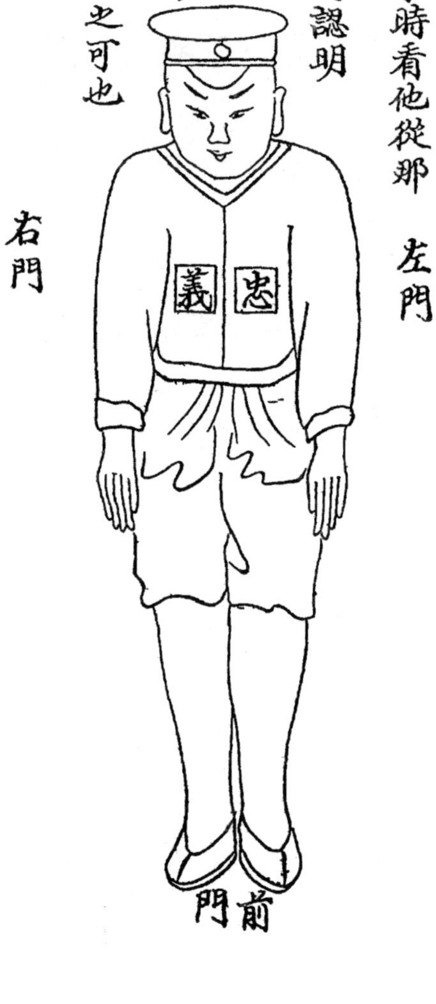

第二圖　棋拳相比

行兵看擺什麼陣演拳看扎什麼勢陣有誘敵拳有虛實棋有閃法此三者皆為要言也今以棋拳相比用車則伏砲用砲則伏車遠者用卒近者捐擊但看士馬動大將心用力

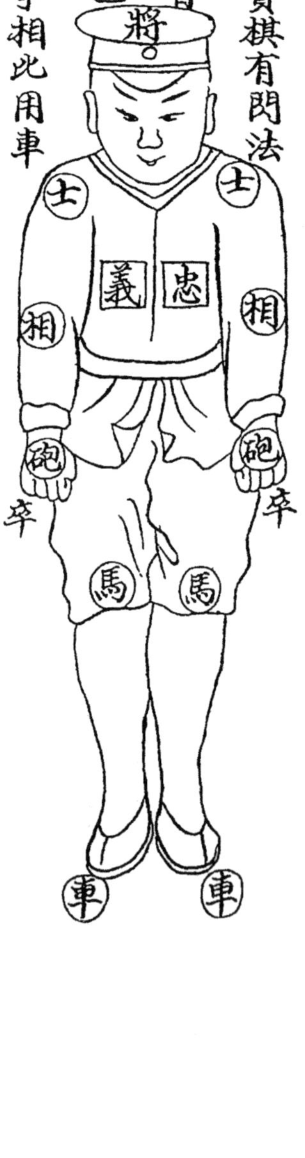

第三圖　插花双捺跌

如人打來即用右臂虛扶他的左臂下要近靠彼身肘夹往上挑手背往下合

第四圖

用左手將他的右臂往下一扳用右拳眼臉攢去

第五圖

如他用左手來擋我手即將左腿扎坐馬勢用左手插在他左肘後名曰插花

第六圖

跟右掌變推
扎拗步勢左
腿在前

第七圖　三進步

（一）先進步用右掌照臉打去

如人來擋我手

順手即將他手

往下以捌彼高

我高彼低就低全

在眼明手快擰身

狠左掌

第八圖

（二）如彼用右手來擋我手擰身用左掌照臉打去

第九圖

（三）用右拳照心窩攢去扎右順步勢名曰盪風火焰攢心

第十圖　扶籃看花

(一)如彼打來用左臂將他右臂虛扶

(二)將左手往上一提

(三)開右步照心攢

去落順步右腿

前屈左腿伸后

第十一圖　螣蛇入洞

(一)如人立攢我手即從裡虛扶向外一攎用右掌照臉打去

肘夾往上提

第十二圖

(二)從身用右拳照臉脇下攢去

落右順步勢

或用雙推可

第十三圖　威勢合法

先從裏向外以迊

扎右点脚勢用以

肘插手攢心

第十四圖　蒼龍擺尾

將他右臂一合

如彼左手來

用左掌一合跟

右手推山跌落

右順步勢

第十五圖　引誘回衝

虛閃一去速回返
意想敵人往前趕
伏手拉步扳截變
引誘他人來上船

（比試勢）捌手——一元，二背，三採，四滕，五按，六跌。

第十六圖（比試勢）滕手：一元，二推，三捌，四靠，五撤，六跌。

㈠聲東擊西

彼虛來手我亦虛

左右相攻彼難抵

因手得手隨意去

丟打閃捌彼着急

第十七圖

（二）用左拳虛迺用右拳照胸攢去扎坐馬勢

第十八圖　靈貓捕鼠

(一)如人打來即從身向傍邊閃開

(二)出右步用雙手推去不可閃離太遠

第十九圖　揹手單捺跌

將他右臂一揹用

左掌推去脇下

開左順步勢

第二十圖　推胸掌

用左掌推去扎左順步勢用右掌推去扎右順步勢

全在撑身接手左右推胸

第二十一圖　抑扨手

在照心推一右掌如用拔手彼丢手用右拳打我左面用左掌從裏以掅用右掌照胸推去

第二十二圖　孿龍抹馬

如人打來先用非仙掌如彼用右手、即閃坐馬勢用右手將他小腹一掌再用右肘橫打如閑順步勢如不倒跟抹眉紅帶火炎攢心

第二十三圖　閃驚巧取

如人打来即從身一閃用外扶手進下勢微動一步仍然存身用左手照臉一提開順步用右拳攢去

第二十四圖　扶籃看花横蘭肘帶飛仙掌

用右扶手進用左手往上一提開右步用右肘照脇下横打如彼用右手攎了我肘再用飛仙掌打后帶搂耳掃脚

第二十五圖　當頭砲

從身用左臂往後一劈扎左点脚勢右拳在自左肩下進右步用右臂用力往右邊一捽

第二十六圖

如彼用左手来用右手往上一捧用左拳照臉攢去拗步勢右腿在前

第二十七圖

三請客

如人用右拳打來即用我左手從裡一捧用右拳照胸打去

(二)撑身進左步用左拳照臉攢去右拳在自額上

第二十八圖　單攔砲

(一)先閃一單攔砲

(二)如彼右手來擒我手用右拳一膽用右拳照胸攢去如他左手來

(三)帶金冠巧女任針

第二十九圖　泥裏拔葱

如人打來用外扶接手即從身下勢用兩手從他身后將他左腿一拔他即倒

第三十圖　仙人捧盤

如人兩手打來即從裏用兩手分開翻變掌照他耳邊橫打

第三十一圖　懷中抱月變撲跌

即從身捕鼠勢法

跟雙推跌落順步勢

右腿在前

第三十二圖　霸王舉鼎

(一)威勢進法

(二)用右拳展開

(三)用左掌掤一左掌

(四)變手往下一落忽又往上一起兩手在肩上平

第三十三圖　滾肘推山

用右手一領用左肘將他左脇下打去

(二)用右掌跟推山跌

第三十四圖　丢手烏耳肘

(一)如人用膞手進即用外扶他手

(二)開右步用右肘頂去

第三十五圖　橫擱肘

(一)如出捌手

(二)用左掌打去彼用右手來擋我手

(三)開右步用右掌橫打

第三十六圖　白虎洗臉

(一)即將他右手往下一扳用右掌照臉打

(二)彼用左手來擋我手即用左手從我右肘下一掏上右步單風貫耳

第三十七圖　霸王請客

如捌住他右手他要屈肘頂来用手握住他手臂往下一拿如拱手請客式樣

第三十八圖　千金拿
如人用右手握住我的右臂
我用左手按住他
右臂往下用右
肘一壓

第三十九圖　黃龍轉身

如人擠住我的右肩即用左手按住他手縮肩轉身用右臂往下一合即解如不解者帶按耳掃脚

第四十圖　千金指

如彼扳住我手

即將他手接住

用子胥拖鞭

第四十一圖　金絲纏腕

如彼拗我手即擰身將手法立起翻身往前一送用中指往下一拿

第四十二圖　擒手拿

如人用右手握住我右臂即用左手從下上去攝住他的手背將自右肘往回一壓再用右拳攢

第四十三圖　合手揉跌

如人打来先用右掌合他一掌他左手来時用左掌合住跟右手握住他左手下势伸右腿向我左腿前一捽左腿屈

第四十四圖　袖抱頭推山

先用右臂裹扶如他左手來的快、即擰身用雙掌分開他手兩手如抱頭勢開右步双推跌

第四十五圖　孫眞人治龍

如捌他右手他用右手打來即將左手捌住他手扭轉出步往下一壓

第四十六圖

批打滿肚紅

(一)用左手往後一批

(二)用右拳照小肚攢去

(三)再跟左拳打落坐馬勢

第四十七圖　按耳掃脚

如捌往他手他左手打來即用左掌將他左肘一合丟右手上右掌壓他耳下右脚往后一掃

第四十八圖

瘋魔掃拳

如人打來即用右手一捌用左手從裏托他在胸前左脚往右一掃要上下弄對

第四十九圖　金交剪

如人打来即擰身擂手倒右脚鈎住他的左腿踪他右膝横蹬

第五十圖　十連腿

如人打來先用右掌一合踢一左排脚用左手往下一按跟右拳披臉打去低身用右脚后掃再跟左脚前掃如此着三右跟滚肘跌

第五十一圖　誘彼輕進

用右手從外一擋用左脚攢他一脚再用拳手雙撲跌

第五十二圖

連環腿

用右手從裏一扶用右脚照他小腹蹬去再狠左脚照他膝下蹬用手防上下用腿上用手

第五十三圖

單手抹魚

如人打來用左手擋住他的右臂用右手將他小腹一掌帶按耳掃腳跌

第五十四圖　知法送書

(一)如人打來用左手從裏一擋用右
手照他項下插去
(二)用右手往上一掤再用
左掌一捍
兩手如送書式
跟左手用右拳
帶馬前報君

忠義拳圖說明散打

山西洪洞梅選樊一魁著

說明散打目次

第四篇

一一、靠名五門

一二、左扳右掌

一三、托手格嶺魚

一四、腦后錘

一五、拋手橫压

一六、迎門採

一七、燕子扶水橫攔肘

一八、白馬卧攔

一九、裡扶手插手攢心

二〇、前後靠山

二一、騰手劈打托肚跌

二二、烈女捧金盒

二三、丢手按手紅拳

二四、斜插一杆旗

二五、引手得手掛醋瓶

二六、大纏拿

二七、抽梁換柱

二八、蒼龍擺尾

二九、斬足腿

三〇、通袖腿

三一、白鷺涼翅

三二、跨腿肘

三三、鯉魚脫金鉤

三四、扭羊頭

三五、推肘

三六、以肘纏肘

三七、裏參花

三八、外參花

三九、拐李拱手

四〇、散打捌手

四一、合手推手跌

四二、外扶接腿

四三、蘇秦背劍

四四、鐵翻杆

四五、秦王亂點兵

四六、回頭望月

四七、破左右揤捌

四八、仙人摘茄子

四九、双通袖腿

五〇、破丢手

五一、天王托塔

五二、澆手上攔手

五三、關平捧印

五四、腦后摘金瓜

五五、伸手跌

五六、行拳妙着

五七、左右八門陣

五八、小紅拳演法

五九、拳勢臨危解法（三十六着）

六〇、二十四手母名

扳手演法

插花變捺跌　硬開弓　左扳右掌　推山跌　掃秦跌　太山壓頂

黑虎攢心　劉全進瓜

攄手

騰蛇入洞　飛仙靠　貫耳打　接后手變捺跌

滾肘掃脚跌　抛打横庄　推山抛海　餓馬提鈴

扶手

扶籃肴花　横攔肘帶飛仙靠　迎門採　燕子浮水

袖抱頸推山　提手推山　白蛇吐信　高跳低進

捌手

盪風火焰攢心　瘋魔掃秦　摟耳掃脚　捌手推山

前後靠山　喜鵲過枝　順手捌　孫真人治龍

拗鸞肘

鳳蘭肘　順蘭肘　藏頭顧面肘　低身顧肘

逆風摟進穿心肘　拈肘　横蘭肘　以肘逐肘

腿

全交剪　連環腿　十連腿　通神袖腿　朝陽腿

誘彼輕進腿　前後掃堂腿　反身過海腿

掌

推胸掌　仙人拍掌　飛仙掌　白虎洗臉掌　羣仙掌

盪風掌　拴肚掌　捧金盒掌

礮

當頭砲　衝天砲　連珠砲　單藍砲帶袖裏一點紅

六陰砲　孤身砲　挽手提砲　翻花砲孤雁出羣

步

順步　坐馬步　拗步　一霎步　騰步　汲步

拳

左右紅拳　按手紅拳　轉身紅拳　護身拳　護心拳

抹眉紅拳　七星拳

靠

前後靠　貼身靠　單背靠　飛仙靠　滚身靠

左扳右掌

先用外扶接手進后步跟左手將他手往下一扳跟右掌照胸推去

托手格嶺魚

如人扳住我手用左手將他手腕握住將右肩往前以捽全要下小肚之

向前努力落勢左腿屈右腿伸

腦后錘

如人外扶我臂用拳攢來即搀身用右手撇開他右拳用左掌往下將他左臂往下一合上右掌照腦后打去

撇手横庄

如人外扶用拳攢來亦搀身用右手撇開他的右拳只用左拳照他臉横打開右步用右滚肘跌

逆門採

用外扶接手即提起右腿照他右膝横採他即倒

燕子浮水横攔肘

從身用手進如浮水樣外扶他肘即提左脚用左手照臉托一掌開左步

用右肘横打落抅步勢

白馬卧欄拿

先外扶他手腕即用左手揑住他手臂左大指要揑在他四指根下再用

右手按住他手臂双手用力往回一拿

裏扶手插手攢心

用裏扶接手即上左步用左掌插他項下用右拳攢心或用抅攔肘變

前後靠山

如捌他手他要往上用力即跟左手從裏上來扳住他的手腕用右臂往

下一靠如不倒即扭轉他的肐膊再用右肩往左肩一靠

膽手劈打托肚跌

用裏膽手進先照臉打一右掌再上一左掌出右步双拿托肚跌

烈女捧金盒

用變手從裏虛迎即照臉連上變掌要從身提脚再開步用右掌攢心

丢手按手紅拳

如人裡斬我臂即丢了右手上左步用左掌按他手右拳臂照臉打如他

擋了手即上左掌一提用右拳攢去落抝步勢

斜插一杆旗

如彼捌住我手待他用二手時從身出右步到他左邊用左拳從他左肘上去照他咽喉斜轉如彼防了右手用右拳照他腰裡攢去

伸手得手掛醋瓶

如人捌我手即伸手得手往前一推如不倒即扭轉他肐膊而手握定伸右腿下勢向左邊一掛右脚往後一撒

大纏拿

如彼捌住我手即用左手上來扳住他手臂再反去右掌往下一壓往左邊一攎人即跪倒

抽梁換柱

如彼捉住我肘即下势伸開右腿往左邊一溏即用左手從我右肘后上去捌他手用右掌照臉一打收回待他右手打來仍用右掌一合開步双推順步勢

合手蒼龍擺尾

如人右拳攢來用右掌一合如他將抬左手要來時再開右步仍用右拳攢去

斬足腿

如人打來即用右手外擂下用左脚照定他左膝用以斬脚低身右脚后掃

通袖腿

如人右手來用左拳裡擂右拳上臉攢右足照胸蹬全要上下弄對不問步

白鶴涼翅

如人打來即上右步用右勾手往后將他肐膊撥開再翻右掌按他耳左掌拴他腰右脚向後一煞即完

跨腿肘

如人用脚踢來即從身用右肘跨開出右步用右滾肘跌如左腿來用左滾肘跌

鯉魚脫金鈎

如人忽從後連我兩臂抱住即用左手上來先按住他右肘下勢將右步伸在他兩腿中間轉身向左邊一滾即解

扭羊頭

如人採我髮來即用左手從裏上去按在他腦后用右手按住他下 右手向出搓左手向回搓兩手對搓即解此拳遇有髮人可用

推肘

如出捌手或用左掤我手即以右手捉他肘閘步用右肘尖推去

以肘縫肘

如人用肘頂來即擰身閃過上右手插他肘後仍用穿心肘遂回

裏參花

如人右手來即上步用右手先往上擿他手右掌照小腹用力以捺如他左手止來用左手從他肘後往上一插再用双手推去

外參花

用左手往上以攔右掌照脇下以捺如他右手來又用右手外插在他肘後接左手雙推

拐李拱手

如人打來我兩手在袖即用兩手將他右臂往下以按如他左手來又將

兩手反起從他左肘後往左邊一推左步前屈右腿伸後

三打倒手

如人打來走外向右攢子錘照他脇下一攢即上左掌照臉打開右步用

右拳攢心

破左捌手用合手推手跌

如人用左手捌住我左手即翻左手將他合住出左步用左手推他左肘

如我変外手扶彼人用左手捌來者即用此合手推肘解之全要緊跟他

手若入爐口便不能解

外扶接腿

如人連踢帶打来者即用右手外扶他右肘後下用左掌接在他右腿面上下手往前一推如不倒者便用翻天掌

蘇秦背劍

如人打来用右手捌住他手進左步用左肩向我右邉一背更手還可放他臂

鉄翻杆

先用外扶接手用左手將他左臂往下一扳上右拳挑臉打去如他右手要往上抬者即將左手將他右臂往上一掤扎坐馬勢用右拳攢去再在左邉用左拳照臉横打他右邉再跟左拳照臉打他左邉翻左拳照心窩

攢去如他跨了我手再擰身以攎用点脚勢踉右拳照小腹打去

秦王亂點兵

如人兩拳照我亂打者看準他的右拳即用右手一打左手照他一攢下用連環腿進上用朔掌此一手變化無窮

回頭望月

如人從腦後打來即擰身用右肘一掤下邊用左脚横蹬他的右腿左手變右脚用提金腿

破左右邱捌

如人用邱捌手持住我手即虚身將他一閃用左手按住他右臂借他力

往前以送用右肩往前以猝落順步勢

仙人摘荔子

如人打來即走外用左手扶住他右臂跟下邉用右手去摘荔子

變通袖

用右手外擋左拳往脇下以攢左脚從裏向外踢一脚如他跨我腿用左手將他手以按即用右拳挑臉打再跟横庒腿進

破丢手捌跨滚肘

如人用捌手來我即用右手捌去彼若丢了手用左掌照臉打再用右手以掛用肘往前以頂順步勢右腿在前

天王托塔

如人用右手握住我右手四指即用力往下以捺往回以扭往上以托左手靠住他的右肘往上用力

滚手上攔手

如人左扳我手用右拳攢來即用左手按住他右拳跟右腿往前往前用力用肘横打往前用力右腿在前

闖平搠印

如出捌手彼手來的快即用左手、指定他的左臂下用右手抛開他右腿兩手抛亢反手再往前以推左腿在前

腦後摘金瓜

如人打來即將他右臂以擋用左手從他腦後上去摘瓜右拳邉打便步勢

伸手跌

如人打來從身用左手往上一掤閑右步用右拳用力攢去落右順步勢

行拳妙着

鉄翻杆巧要通袖進　靠山巧二手要合　帶摟膀於腰力相對前屈後伸　格嶺魚巧要順手拿探前步腰膀小肚子用力一時俱出　掃秦巧

要上下弄對　挒手巧要三並一　扱手巧要貼身靠　金交剪巧要腿

訣　飛仙掌巧要屈身倏擒倏縱　推山巧要側身進步

左右八門拳法

截前演後　鐙裏藏身　順水推舟　插枝尋文

順手牽羊　猛虎入林　横直破砍　馬前保君

小紅拳

立正變手如拱揖勢樣往下一拱往上分開將身立起用左手向左邊一

攀右拳一攢再用左拳攢一拳又用左手從自己頭上再一攀用右拳再

攢一拳翻身踢一排脚丢左腿出步單陽提右腿踢一變排脚落左彎虎

勢往前跳二步打火熖攢心起身踢一右排脚翻身踢一左排脚接扶籃看花帶横攔肘將右手往後一打往前踏右拈脚勢用右手提左手在肩前開左步用左手一攀右拳攢一拳轉身踢十三太保落當頭砲勢立身向左邊一攀再轉身挽一面花右拳攢去踏物步勢翻身右手一合左手一攀又用右手一合左腿在前起步右手打海底落脚翻身過海底身左海底用右雙排脚一踢落左跨虎勢

拳勢臨危解法

解拗手用下海擒龍　解扳手用格嶺魚　解扶手接後手腦後錘

解搡手用千金拿　解靠山用閃驚巧取　解下扎用小坐子

解斬身用懷中抱月　解滿天錘用烏耳肘　解抹眉紅用靠山

解拴手用飛仙掌　解雙風貫耳用餓馬提鈴

解四面圍用左右山前後衝　解鐵身靠用單救主

解金鷄跌用扭羊頭　解斜插一杆旗用拋手横庄

解三擺尾用滚肘跌　解單攔砲用袖裡一点紅　解拗攔肘用扶手

解手快用偷手羣仙掌　解乱扯衣用靈貓捕鼠

解穿心錘用存孝打虎　解撩擋錘用鉄夫板　解掃地用翻身過海

解烏龍擺尾用巧女認針　解心掌用順水推舟

解抹紅用蒼頭顧面肘　解攢脚用低滚肘　解左捌手用合手推

手跌　解左右肘用抽梁換　解裡斬用丟手接手紅拳

解扭轉左右手用棎子二紅　解撩陰抹眉紅用海脚　解跌倒用

全交剪　解刁住手腕用大纏拿　解二人拿捌用目下偷挑

解飛仙掌用截前演後

二十四手母名

扳攎扶捌　合膽掅斬　推打劈壓　拘掤托拴

丟拿提浣　拘搶抹掩　足腿熟習　體力健全

對演梅花套上下路

㊤立正㊦用捌手照臉打去㊤左手將他右臂往下一扳右拳照臉攢去㊦退步用左手外扶㊤用左手從肘下將他左手掬過用右拳照他右耳邊横打㊦退步用右手從裏扶住㊤用右拳從他臂上横打他右耳邊㊦用左手扶住他右臂開右步用右拳照脇下攢去㊤右手一攎翻拳打他右耳邊㊦用右拳往上一架㊤右手捌住他手左拳打抹眉紅扎坐馬勢㊦退步扎坐馬勢用左拳照肩一攢㊤左手持住他的右手右拳照頭打下邊用左脚踢㊦用右手往上一掤左手往下一按從裏將他右臂往左一撥右拳照頭打去㊤退步將他右拳往右邊一撥㊦攢身用左拳照頭

打㊤再用右手一撥㊦再轉身用右拳照頭打㊤双手扭轉他右臂㊦用左肘一跨又用右拳攢去㊤攎手激步往前跳扎倒騎龍勢右腿在前左手後勾㊦跟步用右掌打去㊤摔身用右手一合踢二飛脚頭一脚照他右肘下踢㊦摔身一按㊤低身打一右後掃堂㊦即跳過照他小腹踢一左足㊤扎坐馬勢左手一扳㊦左手照頭打右拳往下攢㊤用右手往上一擋左手往下一推用左排脚踢㊦低身閃過㊤踢一脚㊦双手一按復用左手打去㊤左手接手右手一騰踢一右斬脚㊦左手一按仍用右手打去㊤右手接手左手一騰踢一左斬脚㊦用右手一按用右手一打(此三者背是五勢)㊤右手接他左手用右脚照他左腿橫採㊦拉左腿扭身

換右步㊤用左脚一蹬㊦用左手一抄掤在肩前右手往前一送落順步勢左腿在前㊤激步往前一跳落順步勢右腿在前㊦用右手打去㊤扎点脚勢左手從裏一扶右拳照胸攢去㊦左手一推左脚蹬一脚㊤用左手一攎二人各轉身扎点脚威勢　完

對演四路總上下路

第一路

㊤倒騎龍勢左腿在前右腿伸後右手在額左手後勾眼向後看㊦用右手打去㊤轉身用左拳從裏一迎右拳照臉攢去三請客勢㊦從裏虛扶向外一攎用左手從自右耳邊打去(立身)㊤低身掏過外扶他左臂用左

拳照他膀下攢去㊦用左手攎過右手從自左耳邊打去(点脚)㊤用右手往上一插將他右臂往下一扳扭身掏過將他右臂挑在我右臂上往前走一步用右肩往前一抗㊦往後退一步落朝陽起鼓勢㊤用右手將他右肘往下一攎進後步打猛將推兵勢㊦低頭拉步向後一閃扎右順步勢仍用左拳打去㊤左拳一掤上後步用右拳攢去㊦右手從裏向外一攎提左腿用右拳照頭攢去㊤用左手將他右肩一托落低身点脚勢㊦落一敗勢用右拳照頭打去㊤左手一扳右拳照頭攢去㊦用右脚一踢㊦左手按足提手左勾轉身跟打

第六路

㊤倒騎龍勢㊦右手打去㊤翻身用右拳一合左脚踢一撩脚左拳照臉打去㊦用右手往上一攎仍用右手上去接住他的左臂㊤將肘尖往上一挑進後步用右拳照臉打去㊦退步用左手接住他的右肘㊤將肘关往上一挑進後步用右拳照頭攢去㊦右手接住他肘㊤將肘往回一拉往上一挑用右拳攢去退步左手接肘㊤再將肘往回一拉㊦跟右拳照臉攢去㊤將他右手一扳用左拳照頭攢㊦左拳照臉攢㊤双手遮臉㊦照頭打一右拳㊤右手扶臂左肘尖打去落左順步勢㊦右手向後一勾落劈胸拳勢㊤從我右耳邊用双拳横打過去左腿在前㊦低頭閃過子背拖鞭㊤用左脚一掃從耳照他臉平打過去㊦低頭落雁翅勢㊤用左

脚一掃㊦提左腿

第三路

㊤倒騎龍㊦右手打去㊤翻身用右手一合遂踢一左二飛脚㊦轉身用左手往下一接㊤低身打一右後掃堂㊦換步跳過右拳打去換坐馬勢㊤用右拳一合照頭踢一左排脚㊦低身閃過右邊㊤再踢一右掛面脚㊦向左邊一閃㊤偷右步蹬一左踩子㊦用右手一掤右拳攢去㊤用双手一掤烈女捧金盒勢照臉打一右掌㊦用左拳攢去㊤用右手一領左掌打去㊦左手一擄落順步再往後一掃轉身狠打

第四路

㊤倒騎龍㊦用右拳打去㊤用右肘一掤肘尖向左邊一壓變右拳照臉打㊦用左手捉住他的肘㊤用左手從我肘下捆住他手右拳打一抹眉紅㊦將頭往後一閃用左拳照臉攢去㊤用右拳一披左手一拔右拳照臉攢㊦扭身亦用左拳照臉攢㊤虛身扎壽桃勢用手一扶左拳照脇下攢去㊦用左手一攎右拳照臉攢去落順步勢㊤用左掌一擋用右拳攢去扎順步勢左腿前屈用兩手握住他右拳從他右臂下轉過去將他右臂一擰㊦轉身用左拳橫打㊤將頭向後一閃用右手一合双手推去即倒地㊦跟右脚勾左脚一搡名金交剪㊤擰身抽腿(二人落敗勢)完

四式拳图解

提要

《四式拳图解》，一册，印本，成书于民国二十四年（1935年）九月。封面处书名“四式拳图解”五字为张学良亲笔题写。据版权页可知，著作人为汉口市国术馆副馆长徐士金，校阅者为杨世英、纪慎吾、刘崇礼、李受多、周春崖、陈瀛洲、林之风、刘文柱，著作情况清晰；版权页另有“中华民国二十五年七月再版”“印刷者汉口大新印刷公司”“总发行所武学书局”字样，版本信息翔实明确。

辅文仅存《序》五则、《叙源》、《尾声一》、《尾声二》、《重编四式拳后序》。其中，前两者为前辅文，概述了四式拳“创于宋岳武穆”的渊源和“关于阴阳进退，起落动静，虚实活血强骨舒筋引气，此拳无所不包”的特点。正文内容分为四节，各节的撰写体例一致，即每页从口令、要领两方面入手讲解一个招式动作，并配有一张动作演示图辅助理解，内容设计和编排顺序与练习者学习、掌握招式动作的一般步骤相符。

该书作者徐士金为形意门耿继善的弟子，曾供职于中央军校武汉分校、担任南京第二届国术国考评判员委员，著作除《四式拳图解》外，还有《三才剑学》广为人知。

学啓老弟惠存

徐士金著

四式拳圖解

[illegible]

张学良題

序

武器益精武術遂若可廢此炷於物質文明者之誤說也科學戰爭之堅甲利兵飛機巨礮誠足以祿威力而操勝算然操持而利用之者終不能不藉重夫人力人力之鍛鍊修養使克堅毅沈著持久於不敝則武術尚矣古名將練兵有練手練足練眼練耳練心練氣之說皆術也術精則其用器也亦精而精器之用乃出其始於一手一足之烈終乃收效於軍國之富強非細故也國人怵於外患日倡羣思訓練吾積弱之民衆以發憤而圖雄年來國術提倡不遺餘力舉先賢遺傳舒筋壯骨凝神運氣之一切法式輾轉流布所在多有卽拳術一道施教且數十家猗歟盛哉皖泗徐先生鎔合太極八卦形意各家之長取精去粕成四式拳學一編將以繼往開來垂範後世而囑復爲之敘復不文然受先生教益者已數月深景先生之端重便捷誨人不倦絕非其他術士矜才使氣者所可比儗萬一而是編亦樸實詳盡圖說簡明手足腰腳眼耳心氣無一處不是至功無一着不含妙用於以知先生深得循循善誘之道而其造詣亦特精且深也抑更有進者復年逾五十薄宦遠遊連年感受風濕右臂不能自舉從先生習四式拳月餘豁然病已不假刀圭則四式拳之賜福於復者爲至切實故敢以身之所歷者舉以告人而謹爲之敘

受業劉復謹序

序

建國首須强種、强種端賴運動、運動之術甚多、而以國術爲上乘。起止有度、動靜有節、疾徐有致、舒卷自如、無偏枯過激之流弊也。室內野外、山巔水涯、月夕風晨、晦冥寒暑、皆能自由練習、不受空間時間之限制也。男與女、老與幼、强與弱、有病與無病、盡人而可以習之、且不受團體與個人之拘束也。以故余素喜運動、而尤醉心於國術焉。然晚近之擅國術者、類多故作神奇、不肯示人以祕、雖欲學習、苦無導師。士金徐先生、籍皖泗、國術名師也。邃於學而博於藝、爲人豪爽而無虛誕氣習、長漢口國術館有年、一時大江南北有心人士咸樂與之遊。平生慕岳武穆爲人、於武穆所創四式拳盡得其神髓、更旁取形意、太極、八卦之精華、鎔合貫通、擬形繪影成四式拳圖解一編、開示學人、略無緘祕、誠練習國術者最完善之典範也。歲丙子、湖北省政府創行公務員軍事訓練、余忝從徐先生後、與諸同仁共致力於國術之研究。徐先生教導有方、誨人不倦、諸同仁努力練習、無間寒暑、猶恐退處幽獨、失所師承、嘗見徐先生原編四式拳圖解一書、因共踴躍集貲、翻印分發。以後人手一編、朝夕研摹、一以教十、廣爲流傳。振衰起懦、强種建國、端在乎此、民族前途、實利賴之。是爲序。

中華民國二十五年七月二十七日楊世英敬撰

序

現今之迷信觀念已破；凡事必據理推究固無所謂神奇也。乃一般國術導師，仍沿用陰陽八卦，兩儀，四象，太極，无極，…………等學說以眩人，學者驚爲虛玄而莫測，失其津梁而莫由，鑿枘如此，可爲浩嘆！余習斯術有年，深知高遠之說，易惑學者，每欲得一同志，起而改革，然蹉跎數年，卒無所獲，今幸得吾友徐君。

君名士金，國術名家也。藝博而精，學淵而遠，教人以理，不作眩人之說；著有四式拳一書，開示初學之門徑，瞭如指掌，猗歟尙矣！

國之不競，如今爲極：民心靡於安逸，風俗澆於侈太，外患不足警其心，危忘不足振其氣，豈不知亡國之爲痛哉？乃積弱之勢已成，雖有以健行倡者，或過或不及，而興發之道，終不得行於世也。今徐君是書，上闢拳家無稽之說，下闢後學莫釋之蒙，果能推行於時，則裨益家國，庸有涯涘耶？余欽其用心之苦，並喜其習術之可傳於世，爰書數語以爲序。

襄平田國安識於武昌 二四、七、一五。

序

六藝垂教、射御並重、春秋戰國、尤尚技擊、拳術之興、由來已久、漢唐以後、左武右文、學士大夫、弱不禁風、一遇異族憑陵、輒望風披靡、積弱之源、蓋匪伊朝夕也、明季王船山著宋論黃書噩夢諸書、深致慨于黃族文弱之病、顏習齋屢言勇爲達德、日與其徒肄於射圃、顧亭林黃黎洲并擅技擊、此數君子者、豈非生當鼎革、痛民族之衰弱、特躬行以爲天下倡乎、顧自康乾以後、競尚漢學、學者敝精疲神于名物器數、而爽拳術於江湖末流、馴至今日、碧眼虬髯之倫、以修偉强壯之軀、馳逐中土、扶桑三島之民、其修偉本不及華人、然自維新以後、其柔術劍術相撲術日益昌明、遠非中土所及、二十年來、舉世所目爲倭小之軀、一蹴竟變爲魁梧之體而吾民族仍蒙東亞病夫之名、優勝劣敗、天演公例、豈不危哉、豈不危哉、蔣委員長有見於此、對於吾國拳術、特加提倡、各地體育會、風起雲湧、習俗爲之丕變、斯誠民族復興之機也、皖泗徐君士金、研精拳術、膺漢市國術館長之職、出其所學、教授武漢人士、武漢爲全國中樞、中外互市、五方雜處、洋場十里、號稱繁華、倡條冶葉之地、紙醉金迷之場、最足以銷磨民族精神、近年以來、拳術盛行、而氣象一新、誠哉習俗之轉移、存乎其人也、而余所尤心折者、徐君循循善誘、誨人不倦、矜平躁釋、氣度溫雅、其修養之深、豈尋常人所能及乎、茲者出其所著四式拳圖解、囑弁言其端、巨于拳術素少研究、未敢妄贊一詞、然其紹武穆之絕學、示方便之法門、嘉惠士林、有斷然者、爰述昔賢倡導之用意、及拳術與民族盛衰之關係以歸之。

民國二十五年七月沔陽金巨堂序於湖北省保安處

序

「山外青山樓外樓、西湖歌舞幾時休、暖風薰得遊人醉、直把杭州作汴州、」這首詩是南宋陸游、嘆息南朝君臣、只圖安樂、不顧大局的感想、當南宋之世、中原版蕩、强寇壓境、威脅逼迫、無時或已！而朝野上下、燕安偏處、莫知振作、幸一般忠臣大將如韓世忠岳武穆劉琦等戮力捍患禦侮、雪恥圖强、當岳武穆陳兵河洛、身臨大敵、而練軍作戰、更殫心竭智以備攻取、乃創明四式拳、教練將佐、故其士卒無不以一當百、以少克衆、直可指日「痛飲黃龍」「還我河山」、惜功敗垂成、含冤殉國、良堪痛悼、顧今日國家大勢、與南宋時代情形不殊軒輊、國人體格孱弱羸虛、社會風氣、偷安怠惰、尚有品絲論竹、醉月看花之徒、更不知有國亡家破之慘禍者、蔣委員長痛國民泄沓因循、萎靡頹唐、於戎馬倥傯一刻萬幾之頃、期期以復興民族、亟須鍛鍊國人體魄、養成健全精神、勗勉國人一致注重體育、并令公務人員、着先躬踐實行、爲國人範、武漢黨政軍當局仰體斯旨、策勵各部屬員司、從事各種體育運動、并列國術一門爲運動科目、吾友漢口市國術館副館長徐士金同志、被延聘爲各機關國術教官、以國術一道、過去多涉神秘、教學與練習、多莫明眞理、初學者更覺藝高術深、徬徨無措、徐同志則以昔日岳武穆教練將佐之四式拳編秩成書、作爲國術教材、查四式拳、爲各拳術中之精華、動作整齊、易於教練、且編輯體裁、又合乎科學方法、非盡如過去一味承襲師傳之不變法門、洵爲今日國術中最佳之範典、徐君囑余爲其校讎并擬序、余對於國術誠不學無術、焉敢妄參末議、惟覺今日國勢與南宋時代同一遭遇、且有甚之、四式拳又適於此時成書以見國人、不禁遂發深感、特濡筆出之是爲序

劉文柱序於漢口特別市黨部

民國二十四年五月三十日

叙　源

四式拳創於宋岳武穆，武穆受明師指教，精通武術，槍法獨步，且發明形意拳盛行於現代。當時岳氏訓練將佐習形意，然形意初僅限於拳而掌甚少，乃探討拳掌并用，而四式拳成焉。四式拳，含養氣修身之理，實與他家拳術不同，有鶴立鷄群之概，學者慎不可以其簡明而忽略之。然究其眞理甚深巧，窮極研究，不可得其奧義，關於陰陽進退，起落動靜，虛實活血强骨舒筋引氣，此拳無不包之，學者若能持之以恆，勤加鍛鍊，探得奧變，則剛柔相濟，摧枯拉朽一反掌事也。

練四式拳之三段注意

1. 練習前之注意：練習以前勿飢餓，勿飽食，勿搆思，勿發怒，蓋飢則無力，飽則傷胃，搆思則腦易昏，發怒則氣暴而易亂。
2. 練習中之注意：練習中切記勿談笑，勿吐唾，勿通下氣，蓋談笑則神散而不聚，吐唾則喉乾而炎升，下氣通則氣消而不凝。
3. 練習後之注意：練習以後，勿飲食，勿排洩，勿睡臥，蓋飲食則易滯，排洩則氣潰，睡臥則氣抑而不舒。

四式拳之三段練習法

練習之方法固簡，然剛柔段落，當究其詳，譬如每小時練習九蹚，則以前三蹚爲初段，中三蹚爲二段，後三蹚爲三段，此就練習總蹚數分爲三段之法也，然每蹚亦須分爲三段，每蹚練習三往復，則以一次往復爲初段，二次往復爲二段，三次往復爲三段，要之；初段宜柔和徐緩，切勿過急，此所謂舒筋展骨誘導氣力是也。二段宜剛猛迅速，快上加快，卽應敵致用也。三段宜剛柔相濟，不慢不急不滯，漸次收束而歸平靜，氣沉丹田，以免驟停之弊也。拳經云：『練拳如作文，初段視題命義，下筆穩固，中段叙事透澈，枝節叢生，如長江大河，一瀉千里，末段終結而始收束矣』。

練習之三戒

一曰戒自是，刀，槍，劍，棍，拳，各種姿式雖簡，含理實深，似是而非，貴於理會，務須人是我非，互相硏討，方能長進。二曰戒自滿，拳經云：『深無止境，廣無涯際』，惟拳術練習之時，數日卽可觀，卽十年亦非絕技，愼勿自視已足。三曰戒自棄，若以拳學難練而生畏心，或以天資愚鈍不肯力學，是自棄也。

徐士金謹識

目錄

編者與張南基君形意拳安身砲對打之一

編者與張南基君形意拳安身砲對打之二

形意拳之蛇形式

形意拳之鸡子入林

八卦掌之基本式

太極拳之伏虎式

第一節

第一式　立正式

口令　立正

第一圖　立正式

要領：兩脚跟在一線上靠攏拚齊、兩足尖向外離開、大約六十度、兩腿挺直、身體重量、平落於腰部、胸部微向前挺、兩肩稍向後張、兩肩宜平、兩臂自然下垂、五指拚攏、微曲不必用力、其中指附於腿之外部、兩肘尖稍向前迎、頭宜正、頸宜直、口宜閉、下頷微向後縮、兩眼向前平視、如上圖，

第一節

第二式　預備式(一)

口令　預　備(一)

第二圖

預備式(一)

要領：由立正式起週身不動、惟兩臂向前平伸、伸與兩肩同高、兩食指靠攏、兩虎口相距十生的、手心向下、兩大指尖亦向下、兩目注視兩手、如上圖、

第一節

第二式　預備式(二)

口令　預備(二)

第三圖

預備式(二)

要領：由預備(一)起、兩手與兩臂向外翻、同時輾拳收回、附於左右胯、成抱肘式、兩腿向下微曲、兩眼仍向前平視、如上圖、

第一節

第三式　上步反掌

口令　上步反掌

第四圖　上步反掌勢

要領：由預備式二起、右腳不動、左腳向正前方一大步、同時左拳變掌、手心向上、手掌用力向右猛擊、再將右拳變掌、向前猛伸、手臂用力、右臂與右肩平、手心向左、五指向前，左手背緊貼於右肘尖、中指與右臂成平形、左腿下彎、右腿蹬直、左足尖向前、右足尖向右偏十五度、兩目注視右手、如上圖、

第一節

第四式　進步鎖手掌

口令　進步鎖手掌

第五圖

進步鎖手掌勢

要領：由上步反掌起、兩腿不動、左手背沿右臂外部向前直推、推於右手背靠攏、然後將右手抽回、垂直於右胯下、再將左足尖向左偏十五度、同時右腿向前一步、成騎馬式、右手向前猛出、手心用力向左猛擊、左掌收回靠於左胯、兩目注視右手、如上圖、

第一節

第五式　擊胸拳

口令　擊胸拳

第六圖

擊胸拳勢

要領：由進步鎖掌起、身體猛向右轉、轉時足跟用力、兩掌同時變拳、右拳成仰形收回、成抱肘式、小指附於右胯骨左拳向正前方旋轉猛擊、拳背向上、拳心向下、拳與本身胸部同高、身體微向右偏、右腿下彎、左腿伸直、右足尖向前、左足尖向左偏十五度、兩目注視左拳、如上圖、

第一節

第六式　進步指膛拳

口　令　進步指膛拳

第七圖

進步指膛拳勢

要領：由攀胸拳起、右足尖向右偏十五度、左腿向正前方一大步、左拳舉起、向後收回至頭部左額邊、拳眼與額相距十生的，拳背向左、拳心向右、肘尖向前、肩肘拳成三角形、以防敵攻已之上部、右拳向前下方、敵之膛部猛擊、并掩護己之下部、左腿彎屈、右腿伸直、左足尖向前、右足尖向右偏十五度、兩目注視右拳、如上圖、

第一節

第七式　原地反掌

口令　原地反掌

第八圖

原地反掌勢

要領：由進步指襠拳起、兩腿完全不動、左拳變掌、向右下方手心用力猛壓、同時右拳變掌、向前猛伸、手背用力、右臂與右肩平、手心向左、五指向前、左手背緊貼於右肘尖、中指尖與右臂成平形、兩目注視左手、如上圖、

第一節

第八式　跳步鎖手掌

口　令　跳步鎖手掌

第九圖

跳步鎖手掌勢

要領：由原地反掌起、兩腿暫不動、左手背沿右臂外部向前直推、推於右手背靠攏、然後將右臂抽回、垂直於右胯下、左手暫停在原位、保護胸部、右脚向前輕躍、右手同時向前直伸、手心向左用力、左掌收回、成抱肘式、手掌附於左胯、手心向上、手背向下、左脚跟提起、足尖蹬地、（約全足部四分之一）與右脚中段相隔十生的距離、成丁字形、兩目注視右手、身體微向右傾、如上圖、

第二節

第一式 寸腿橫掌

口令 寸腿橫掌

第十圖

寸腿橫掌勢

要領：由跳步鎖手掌起、右腿不動、左脚向左一步、同時右臂向上舉起、繞過頭部、再向左下方落下、約一圓週四分之二、與胸部成平形、手心向上、手背向下、再將左手背移於右臂上部、同時右腿向前猛踢、足跟用力、足尖向外偏三十度、左手背沿右前臂、用力向前下方猛翻擊去、同時右手收回、手掌緊靠於右胯骨、手心向上、手背向下左腿微彎、右腿向前下方伸直、身體半面向右、兩目注視左手、如上圖、

第二節

第二式　寸腿撲胸掌

口令　寸腿撲胸掌

第十一圖

寸腿撲胸掌勢

要領：由寸腿橫掌起、左脚不動、右脚向前一步、再將左手猛翻、手心向上、同時將右手背、緊靠於左臂彎部、然後將左腿向前猛踢、踢時足跟用力、足尖向外偏三十度、右手沿左前臂向外猛翻擊去、手心向下、手背向上、手掌向前、左手隨即收回、手掌緊靠於左胯骨、手心向上、手背向下，五指向前、右腿微彎、左腿向前直伸、兩目注視右手、如上圖、

第二節

第三式　退步甩掌

口令　退步甩掌

第十二圖

退步甩掌勢

要領：由寸腿摟胸掌起、左腿向後箭一步、同時右腳提起、足尖離地、大約三十生的、足尖向下、再將右臂下垂、手心緊靠於右腿上部、左手向左前方猛伸、成旋迴式向右猛擊、緊時手掌用力、手心向上、手背向下、同時右腿向右橫一步、再將右手提起、提與胸齊、手背用力、向右前方成弧形打出、手背向下、手心向上、五指向右、臂之全部與肩同高、左手立卽收回、手背緊靠右肩穴下、手心向外、五指向後、兩腿下彎、成騎馬式、兩目注視右手、如上圖、

第二節

第四式　原地擊肋拳

口　令　原地擊肋拳

第十三圖

原地擊肋拳勢

要領：由退步甩掌起、過身不動、右掌變拳收回、拳與右眼角齊、肘尖向下猛壓、肩肘拳成三角形、左手背沿右臂外部至肘尖向上舉起、舉與右拳背成交叉式、同時右拳向右旋轉打出、拳心向下、拳背向上、左掌變拳向上猛舉、與頭額距離十五生的、拳眼向下、拳心向前、兩腿下彎、成騎馬式、兩目注視右拳、如上圖、

第二節

第五式　跳步取膽式

口令　跳步取膽式

第十四圖

跳步取膽式勢

要領：由原地舉肋拳起、右臂不動、左拳落下、緊靠於左胯骨、同時左腿提起、左足向右撬下、左腿與右腿成交叉式、再將左拳向右肋下移動至右肋下、同時將右臂向上彎屈、再將左拳沿右臂向上磨擦、至左拳與右拳將攏時、左腳向右猛箭一步、左腳落地時、同時右腿向右橫一大步、左拳隨即向右打出、手心向下、拳眼向前、拳與肩同高、左拳收回、舉於頭部上、拳眼向下、拳心向前、左腿下彎、右腿伸直、兩目注視右拳、如上圖、

第二節

第六式　丁步槍掌

口令　丁步槍掌

第十五圖

丁步槍掌勢

要領：由跳步取腦式起、右拳變掌落下、垂於右胯外、同時將左腿伸直、再將左脚移與右脚靠攏、脚跟提起、足尖三分之一蹲於地下、再將左拳變掌向右下方按壓、同時將右掌從右腿向上、手心至右乳時、再向右猛伸、伸時五指用力、手心向上、與肩同高、左掌收回、緊附於右臂穴下、身體向右微傾、兩目注視右手、如上圖、

第三節

第一式　回身砍掌

口令　回身砍掌

第十六圖

回身砍掌勢

要領：由丁步槍掌起、右臂全部向上舉起、再將左腿向左一步、成騎馬式、同時右臂向左落下、將左手背移於右肩下沿右臂向左翻掌打去、手掌向左、手心向左下，五指向前、同時右掌收回、緊附於右胯、手心向上、五指向前、身體垂直、胸部挺起、面部向左、下頷全部後縮、兩目注視左手、形如怒貓捉鼠、如上圖、

第三節

第二式　轉身推掌

口令　轉身推掌

第十七圖

轉身推掌勢

要領：由回身砍掌起、身體猛向左轉、左掌收回、靠於左胯骨、手心向上、五指向前、同時將右掌猛力向前推出、五指向上、與右肩同高、左腿彎屈，右腿蹬直、左足尖向前、右足尖向右偏十五度、身體向左偏斜，兩目注視右手、如上圖、

第三節

第三式　上步梅花掌

口令　上步梅花掌

第十八圖

上步梅花掌勢

要領：由轉身推掌起、左手移至右肩外、手背緊靠右肩外、沿右臂向前推出、與右手交叉、再將右腿向前一步、身體左轉、成騎馬式、右手腕沿左手腕由下向前繞一圓週、仍成交叉式、兩手掌向前、兩手背相對、兩手心向外、形如梅花、身體垂直、胸部挺起、下頷後收、頭宜正、頸宜直、兩目向前平視、如上圖、

第三節

第四式　原地攔腰掌

口令　原地攔腰掌

第十九圖

原地攔腰掌勢

要領：由上步梅花掌起、右掌向右對方攔腰打去、手掌向外、手心向下、同時左掌收回、靠於左胯下、手心向上、手背向下、五指向前、頭部向右猛轉、兩目注視右手、如上圖、

第三節

第五式　轉身推掌

口令　轉身推掌

第二十圖

轉身推掌勢

要領：由原地擱腰掌起、身體猛向右轉、右掌收回、靠於右胯、手心向上、手背向下、五指向前、同時將左掌用力向前猛推、五指向上、與左乳同高、右腿下彎、左腿蹬直、右足尖向前、左足尖向左偏十五度、身體微向右偏、胸部挺起、下頦後收、兩目注視左手、如上圖、

第三節

第六式　挑打撩陰拳

口令　挑打撩陰拳

第二十一圖

挑打撩陰拳勢

要領：由轉身推掌起、右掌由下向前伸出、同時左掌向後收回、繞過頭部向前下方伸出、再將右掌變拳收回與肩同高、拳眼與肩窩相距十五生的、肩拳肘均平、成三角形、再將右脚提起向後退約半步、同時左腿向前一大步、左掌變拳收回擧與頭部上、拳眼與頭部距離十生的、肘尖向前、再將右拳向對方襠部猛擊、拳眼向左、拳心向下、身體向左稍偏、胸部稍向內含、左腿彎屈、右腿蹬直、左足尖向前、右足尖向右偏十五度、兩目注視右拳、如上圖、

第三節

第七式　原地反掌

口令　原地反掌

要領：由挑打撩陰拳起、全身不動、左拳變掌、向前下方猛壓、同時右拳變掌、由內向外繞一圓週四分之三、手背用力向對方頸部反掌打去、左手背與右肘尖靠攏、五指向上、中指與右臂平、手心向外、右臂與右肩平、兩目注視右手、如上圖、

第二十二圖

原地反掌勢

第三節

第八式　跳步鎖手掌

口令　跳步鎖手掌

第二十三圖

跳步鎖手掌勢

要領：由原地反掌起、兩腿暫不動、左手背沿右臂外部向前直推、推於右手背靠攏、然後將右臂抽回、垂直於右胯下、左手暫停在原位、保護胸部、右腿向前輕躍、右手同時向前直伸、手心向左用力、左手收回、成抱肘式、手掌附於左胯、手心向上、手背向下、左脚跟提起、足尖蹬地、（約全足部四分之一）與右脚中段相隔十生的距離、成丁字形、身體微向右傾、兩目注視右手、如上圖、

第四節

第一式 翻背拳

口令 翻背拳

第二十四圖

翻背拳勢

要領：由跳步鎖手掌起、左腿向左橫一步、腳落地時、腳跟用力、向左轉一百八十度、同時右腿向前一步、成騎馬式、左手移至右脅下、右前臂向上彎曲、左手沿右前臂與右手成交叉式、兩手心向外、兩手背相對、再將兩掌變拳、右拳向右對方敵之肋部猛擊、拳心向下、拳眼向前、同時左拳收回、舉於頭部上、拳眼向下、距頭頂十生的、身體垂直、胸部挺起、兩目注視右拳、如上圖、

第四節

第二式　金鷄獨立

口令　金鷄獨立

第二十五圖

金鷄獨立勢

要領：由翻背拳起、左腿不動、右腿提起、右膝與右胯成平線、足尖向下、足心向後、同時兩拳變掌、右掌由下向前、上方繞圓週四分之一、五指拚攏向上、手掌向前、食指與鼻尖同高、肘尖與膝蓋相距三十生的、成一垂直線、左手從頭頂由前向左後方落下、繞過左身側、約圓週四分之一、五指抱攏向上、距肫尾三十生的、身體垂直、胸部挺起、頭宜正、頸宜直、下頜竭力後收、兩目注視右掌、如上圖、

第四節

第三式　跳步打虎式

口令　跳步打虎式

要領：由金鷄獨立起、左脚暫不動、右脚向左後方退大半步、同時兩手變拳、右拳從面部前落下、向右後方伸出、再向上舉起、臂成半月形、拳眼向下、距頭頂二十五生的、同時左腿提起、膝與左胯成平線、足尖向下、足心向後、再將左拳從脽尾繞過左胯、移至左膝蓋上、拳眼向裏、肘尖向前、成打虎式、兩目向前怒視、如上圖、

第二十六圖

跳步打虎勢

第四節

第四式　上步擊胸拳

口令　上步擊胸拳

第二十七圖

上步擊胸拳勢

要領：由跳步打虎式起、。右腿不動、左腿向正前方、足跟用力、向敵之小腹踢去、再將右拳由頭部向後直伸落下、向前猛擊敵之胸部、同時左脚落地、腿下彎、右腿蹬直、左足尖向前、右足尖向右偏十五度、左拳仍在左膝不動、胸部挺起、下頷後收、兩目注視右手、如上圖、

第四節

第五式　預備式

口令　預備式

要領：由上步盤胸拳起、左腿用力向前挺直、同時右足與左足靠攏并齊、兩足尖向外離開約六十度、成立正式、同時右拳收回抱肘、手掌靠於右胯、拳心向上、拳眼向右、再將左拳向上

第二十八圖

預備式勢

猛伸、拳眼向下、拳心向前、身體向後仰十五度、兩目仰視左拳、如上圖、

第四節

第六式　單風摜耳

口令　單風摜耳

第二十九圖

單風摜耳勢

要領：由預備式起、左拳由左前方落下、成抱肘式、再將右腿向右橫一步、成騎馬式、同時右拳向右旋轉向敵之肋部擊去、拳眼向前、拳心向下、頭向右轉、兩目注視右拳、如上圖、

第四節

第七式　雙風擯耳

口　令　雙風擯耳

第三十圖

雙風擯耳勢

要領：由單風擯耳起、兩腿暫不動、右拳向下落於右胯外、再向正前方直伸、同時左拳亦向前伸直、兩拳心向上、兩拳眼向外、兩臂與兩肩成水平線、兩拳下落於胯前靠攏、再將左足跟用力、向左轉九十度、右足向右前方一步、成騎馬式、同時兩拳向後復向前各繞一百八十度、兩拳相距十生的、兩臂與兩肩平抬成一圓形、兩拳心向外、兩拳眼向下、身體垂直、胸部挺起、頭宜正、頸宜直、口宜閉、下頷微向後收、兩目向兩拳怒視、如上圖、

第四節

第八式　反單邊

口令　反單邊

第三十一圖

反單邊勢

要領：由雙風摜耳起、兩足跟用力、與身體同向右猛轉、右拳變掌下落、再向右平伸、五指抱攏、向後下方成梅花形、再將左拳變掌、移於右肩窩、手掌向前、虎口向裏、四指向上、大指向下、右腿下彎、左腿蹬直、右足尖向前、左足尖向左偏十五度、身體微向前傾、頭向右轉、兩目注視右手、如上圖、

第四節

第九式　箭步取膪式

口　令　箭步取膪式

第三十二圖

箭步取膪勢

要領：由反單邊起、右腿不動、左腿向右擺動、與右腿成交叉式、左掌暫落於左胯下、同時將左腿向右猛箭一步、落地後急將右脚向右橫一大步、再將左手沿丹田移至右脅下、同時右臂前節向上舉起、左手沿右前臂向上移動、與右手成交叉式、兩手心向內、兩手背向外、同時兩手變拳、右拳向右對方膪部猛擊、拳眼向前、拳心向下、左拳同時收回、拳眼向下、距頭頂十生的、左腿彎屈、右腿伸直、兩足尖向前、兩目注視右拳、如上圖、

第四節

第十式　原地抓襠

口令　原地抓襠

第三十三圖

原地抓襠勢

要領：由箭步取襠式起、兩腿暫不動、右拳落於右腿上部、同時由左向右繞一回週四分之三、向右對方襠部、猛抓、再將左拳變掌握住右手腕、協力向敵之襠部猛推、右腿向前猛衿、左腿蹬直，身體向右前方傾三十度，右足尖向前，左足尖向左偏十五度，兩目怒視右手，如上圖、

第四節

第十一式　換步打襠

口　令　換步打襠

第三十四圖

換步打襠勢

要領：由原地抓襠起、兩腳暫不動、兩臂與兩手猛力帶回、右腿向右後方箭一步、同時左腳提起、兩踝緊靠、左腳離地寸許、兩手暫移於右胯近處、再將左腿向左前方一大步、兩臂與兩手同時用力、左手仍握住右手腕、右拳向敵之襠部猛擊、拳心向下、拳眼向左、左腿彎屈、右腿蹬直、左足尖向前、右足尖向右偏十五度、兩目注視右拳，如上圖、

第四節

第十二式　打虎式

口令　打虎式

第三十五圖

打虎勢

要領：由換步打襠起、兩腳用力、身體猛向右轉、將左手鬆開、右臂向右、由右向上、繞一圓週二分之一、拳眼向下、距離頭頂十生的，左掌變拳、附於左膝蓋上、拳眼向內、兩腿下彎、成騎馬式、頭向左猛擺、下頷後收、兩目向左前方怒視、如吼獅吞象之勢、如上圖、

第四節

第十三式　右脚擺蓮

口令　右脚擺蓮

第三十六圖

右脚擺蓮勢

要領：由打虎式起、左腿向上伸直、同時將右腿提起、兩拳同時變掌、右掌不動、左掌舉起、掌背緊附於右掌心距頭額十五生的、兩手心向前、再將右脚向右前方彈出、兩手向右脚背拂打、身體向右前方傾三十度、兩目注視右足尖如上圖

第四節

第十四式　彎弓射虎

口　令　彎弓射虎

第三十七圖

彎弓射虎勢

要領：由右脚擺蓮起、左腿不動、身體猛向右轉、右腿向前一大步、兩掌變拳、左拳用力向敵之胸部猛擊、拳眼向右、拳心向下、同時將右拳舉於頭部上、拳眼向下、距頭部寸許、右腿下彎、左腿伸直、右足尖向前、左足尖向左偏十五度、兩目注視左拳、如上圖、

第四節

第十五式　上步收式(一)

口　令　上步收式(一)

第三十八圖

上步收式(一)

要領：由彎弓射虎起、左腳與右腳靠攏、（右腳不動）兩拳同時下落、附於兩胯、兩拳眼向外、兩拳心向上、兩肘尖向後、胸部挺起、兩眼向前平視、如上圖、

第四節

第十五式　上步收式（二）

口令　上步收式（二）

第三十九圖

上步收式（二）

要領：由上步收式一起、遍身不動、惟兩拳變掌、兩臂向下垂直、成立正式、如上圖、

尾聲一

本書配攝各圖式，有傾斜歪曲之恣態，似乎不甚端莊；爲便於學者易於了解起見，不得不出如是鏡頭，務使每一圖式，即可表示一節拳式，俾學習或參閱時，可按圖模仿推尋，保持本拳式之眞相，敬祈　閱者諒之。

尾聲二

本書曾於民國二十四年九月出版千本，不數月間，經編者分贈無遺，刻以側身鄂省政府專任國術之責，無奈口之瑣瑣，不若書之備忘，是以蒙　建設廳長劉公，保安處副處長金公，首倡醵資重印于前，而與編者乾乾簡練之鄭先生楚僧王先生韻石何先生震生蕭先生懋謙陳先生瀛洲等。百餘人附和於後，此本書之成帙有自，而編者之感激無涯矣，且于深懷感激之心中，實寓厚望之意云耳。

編者謹誌

重編四式拳後序

拳字簡詁、古有虛實二義、有兩字連用者、如廣雅釋訓、拳拳猶勤勤、前漢書司馬遷傳集註、拳拳奉持之義、後漢書明帝紀註、拳拳忠謹之貌、此虛字類也、莊子人間世、其細枝則拳曲、李賀夫人碑、勤卷捲捲、註、拳作捲、國語齊語、有拳勇股肱之力、三國志呂布傳註、人勇爲拳、此實字虛用類也、至古義實字實用、新例作爲名詞而別於動詞者、惟拳術之拳、最爲實可據、蓋即經所謂無拳無勇、史南霽雲傳握拳透爪之義、顧拳術亦有兩派、小知錄謂拳勇有內外家之別、外家以搏擊人爲主、而人亦得而乘之、內家以靜制動、人犯之者、應手即仆、兩派各有師承、外家濫觴於少林、內家權輿於張三峰、考少林乃寺名、在河南、隋代天竺迦佛陀至中國、隋帝於嵩山爲起少林寺、後其徒衆佐唐太宗平亂有功、乃勅曇宗等十三人、供養於寺、傳授拳術、遂名少林派、三峰宋人、住持武當、宋徽宗聞其拳勇、召未即至、夢神授術、使軍丁試之、能殺賊、遂以技擊傳於世、再傳而爲四明之張、即內家拳之張松溪也、近世所習之拳、大都以二張爲先後師承、宋明以來、殆數百年、相沿相習、自成爲風氣矣、皖泗徐君士金、家本士族、先德有以科第齒朝籍者、君生當季世、知非嫻武藝、不足以自強、遂發藏書、從異人講授、研精致用、久之名噪江淮間、復縱轉軍旅、本身體鍛煉所得、佐以兵法部勒、推演條廓、技益進、法益精、從而師承之者、愈益衆、一時薦紳顯要、羔雁盈庭、近頃國學昌明、國術亦振、各軍營學校、各講習館、皆延君爲導師、任主持、本年省府授軍訓、別立拳術科目、尤慎選師資、君預焉、廷英逐隊觀場、倍得指授之力、先是君撰有四式拳學圖解一書、預定篇目、續圖詮註、義意顯、體例精、蚤已人手一編、奉爲枕中祕、近得楊君世英發起、更斠正義例、重加編訂、諮於衆、再版梓行、書成有日矣、乃問序於予、予以四式緣起、已經前序諸君窮源竟委、闡述無遺、奚庸贅一詞、爰就君學述門庭、揭櫫概要、並摭拾載籍、藉資左証、俾親炙者有考焉、

民國廿五年夏古壽昌陳廷英謹識

中華民國二十五年七月再版

定價每册大洋陸角

發行者　漢口市國術館
地址：漢口府西一路
電話：三三一二六

著作人　漢口市國術館副館長徐士金

校閱者　楊世英　紀愼吾　劉崇禮　李受多　周春崖　陳瀛洲　林之風　劉文社

印刷者　漢口大新印刷公司
地址：後花樓交通路口
電話：二一三一七

總發行所　武學書局
武昌漢陽門

代售所　各埠各大書局